BEI GRIN MACHT SICH IHR WISSEN BEZAHLT

Trainingsplanung eines Krafttrainings zur Gewichtsreduktion, Muskelaufbau und Leistungssteigerung

Anika Kretz

Bibliografische Information der Deutschen Nationalbibliothek:

Die Deutsche Nationalbibliothek verzeichnet diese Publikation in der Deutschen Nationalbibliografie; detaillierte bibliografische Daten sind im Internet über http://dnb.d-nb.de abrufbar.

ISBN: 9783346335838
Dieses Buch ist auch als E-Book erhältlich.

© GRIN Publishing GmbH
Nymphenburger Straße 86
80636 München

Druck und Bindung: Books on Demand GmbH, Norderstedt Germany
Gedruckt auf säurefreiem Papier aus verantwortungsvollen Quellen

Das Buch bei GRIN: https://www.grin.com/document/925888

Deutsche Hochschule für
Prävention und Gesundheitsmanagement
Hermann Neuberger Sportschule 3
66123 Saarbrücken

Einsendeaufgabe

Fachmodul:	Trainingslehre 1
Studiengang:	Ernährungsberatung
Datum Präsenzphase:	22.06.-25.06.2020
Name, Vorname:	Kretz, Anika
Studienort:	**Köln, Nordrhein-Westfalen**
Semester:	**WS 2018**

Inhaltsverzeichnis

1 Diagnose

Für meine Person im Folgenden aus Datenschutzrechtlichen Gründen „Person X" genannt, wurde eine Trainingsplanung für das Krafttraining über einen Zeitraum von 6 Monaten erstellt.

1.1 Allgemeine und biometrische Daten

Tabelle 1: Allgemeine Daten der Person mit Bewertung (eigene Darstellung)

Erfasste Parameter	Person X	Bewertung
Alter	22	Stellt keine Einschränkung für zukünftige Trainingsplanung dar
Metabolisches Alter (TANITA Messung)	21	Optimal, da es jünger als das biologische Alter ist
Geschlecht	Weiblich	Stellt keine Einschränkung für zukünftige Trainingsplanung dar
Körpergröße	1,73 m	Stellt keine Einschränkung für zukünftige Trainingsplanung dar
Körpergewicht	70 kg	Stellt keine Einschränkung für zukünftige Trainingsplanung dar
Body Mass Index (BMI)	23,4	Optimal, da es innerhalb des Normbereiches liegt (Norm: 18,5-24,9 (World Health Organization, 2000))
Taille-Hüft-Quotient	0,8	Norm: Unter 0,85 (International Task Force for Prevention of Coronary Heart Disease., 1998; Wechsler, Schuszdziarra, Hauner & Gries, 1996)
Körperfettanteil in %	25%	Optimal, da im Normbereich von 21-33% bei 20-39-Jährigen (Gallagher et al., 2000)
Muskelmasseanteil (TANITA Messung)	51 kg	Möglichkeit, diesen Anteil mithilfe von Gerätetraining noch zu erhöhen
Trainingsmotive	Fettmasse reduzieren und Muskelmasse aufbauen, Leistungssteigerung	Zukünftige Trainingsplanung begünstigt das Erreichen von genannten Motiven
Berufliche Tätigkeit	Studentin	Stellt keine Einschränkung für zukünftige Trainingsplanung dar
Aktuelle sportliche Aktivität	Seit einem Jahr: Eigengewichtstraining 2x pro Woche ca. 45 Minuten	Sehr gute Voraussetzung, um den Trainingsplan langfristig einzuhalten
Frühere sportliche Aktivität	5 Jahre: Cheerleading 1x pro Woche 60 Minuten 4 Jahre: Fußball 2x pro Woche circa 90 Minuten	Sehr gute Voraussetzung, da sie höchstwahrscheinlich eine gute Koordination und Muskelmasse aufweist.

| Zeitlicher Verfügungsrahmen | 3x pro Woche 60 Minuten | Optimal, um mit einem Ganz-körpertraining jede Muskel-gruppe mindestens 2-3 mal pro Woche zu beanspruchen |
| Leistungsstufe | Fortgeschrittener (Strack und Eifler, 2005) | Sehr gute Voraussetzung, um den Trainingsplan langfristig in das Training zu integrieren. |

Tabelle 2: Biometrische Daten der Person mit Bewertung (eigene Darstellung)

Erfasste Parameter	**Person X**	**Bewertung**
Blutdruck	123/81 mmHg	Optimal, Normwerte: 120-129/80-84 mmHg (Weltge-sundheitsorganisation, 2015)
Ruhepuls	64 Schläge pro Minute	Optimal, Normwert: 60-80 Schläge pro Minute
Orthopädische Probleme	Keine	Optimale Ausgangssituation
Internistische Probleme	Keine	Optimale Ausgangssituation
Ärztliche Behandlungen	Keine	Optimale Ausgangssituation
Einnahme von Medikamenten	Keine	Optimale Ausgangssituation
Sonstige gesundheitliche Ein-schränkungen	Keine	Optimale Ausgangssituation
Bewertung Belastbarkeit und Trainierbarkeit	Optimal	Optimale Ausgangssituation

1.1.1 Bewertung der allgemeinen und biometrischen Daten

Die Tabellen X und X zeigen, dass die Testperson einen sehr guten Gesundheitszustand aufweist. Alle gemessenen Größen liegen innerhalb des optimalen Bereiches der Norm-werte, die Person weist keine orthopädischen oder internistischen Probleme auf und nimmt keine Medikamente ein. Die Person weist einen hochnormalen Anteil an Muskel-masse auf, was mithilfe einer TANITA Körperfettmessung ermittelt wurde. Dies ist auf ihre sportliche Vorerfahrung sowie die aktuell ausgeführte sportliche Aktivität zurück-zuführen. Die Leistungsstufe der Person wird als Fortgeschritten eingeschätzt, da die Person angibt seit circa einem Jahr mehrmals pro Woche sportlich aktiv zu sein, jedoch nur wenig Vorerfahrung an Gerätetraining besitzt. Das Ausüben eines Krafttests, sowie die Ausführung eines Krafttrainings sind somit ohne Bedenken zu empfehlen.

1.2 Krafttestung

Mit Person X wurde ein gerätegestützter Krafttest durchgeführt. Hierfür wurde anhand der ILB Methode (Eifler, 2000) das X-RM-Testverfahren (Mehrwiederholungskrafttest) ausgewählt.

1.2.1 Begründung der Auswahl des Testverfahrens

Der Krafttest wurde mit 10 Wiederholungen pro Übung bei maximal 3 Testsätzen durchgeführt. Diese Methode wurde gewählt, da sie im Gegenzug zum 1-RM-Testverfahren weniger physische Belastung bei gleichzeitig hohem Alltagsnutzen im späteren Training darstellt. Eine Testung mit dem subjektivem Belastungsempfunden wurde nicht gewählt, da das Ergebnis hier ungenauer angegeben wird als beim X-RM-Test und es somit zu einer Unter- oder Überforderung des Klienten kommen kann.

Ziel ist, das maximale Gewicht bei 10 Wiederholungen zu testen, um die Intensität des Trainingsplanes später optimal auf die Leistung und Muskelkraft des Klienten anpassen zu können.

1.2.2 Beschreibung detaillierter Testablauf

Zuerst wird das anstehende Trainingsziel des Mesozyklus festgelegt, um die Krafttestung den Wiederholungszahlen des Trainingsplanes anzupassen. So wird sichergestellt, dass für die Person X richtige Intensität gewählt wird.

Nun erfolgt ein unspezifisches Aufwärmtraining: Person X wärmt sich 10-15 Minuten lang auf einem beliebigen Cardiogerät bei moderater Intensität auf, um die Muskulatur, sowie den gesamten Bewegungsapparat besser zu durchbluten und Sportverletzungen zu vermeiden. Die Muskeln werden hierbei besser auf anstehende Belastungen vorbereitet, das Verletzungsrisiko sinkt.

Das spezifische Aufwärmen erfolgt bei jeder Übung als Aufwärmsatz vor den eigentlichen Testsätzen, welcher mit einem geringen Gewicht durchgeführt wird. Hierbei wird darauf geachtet die Muskulatur nicht frühzeitig zu ermüden, damit die Testergebnisse des Krafttests nicht verfälscht werden.

An jedem einzelnen Gerät des Krafttests wird nochmals vor den Testsätzen ein Aufwärmsatz mit 10 Wiederholungen und 30% des spekulierten Maximalgewichts durchgeführt, um die getesteten Muskelgruppen und beteiligten Gelenke auf die Belastung vorzubereiten.

Es werden pro Gerät mindestens ein- und maximal drei Testsätze durchgeführt. Ziel hierbei ist es, das Maximalgewicht für 10 Wiederholungen des durchgeführten Bewegungsablaufes möglichst früh zu bestimmen, um eine Verfälschung des Testergebnisses durch eine Übermüdung der Muskeln zu verhindern. Eine Pause zwischen den Sätzen von 3-5 Minuten wird hierbei gewählt, um dem Muskel ausreichen Zeit zu gewähren sich zu erholen.

Falls das Maximalgewicht während des ersten Testsatzes nicht erfolgreich bestimmt werden kann, wird nach der Satzpause ein weiterer durchgeführt, bei welchem das Gewicht nach dem subjektivem Belastungsempfinden der Person leicht bis stark erhöht oder leicht bis stark erniedrigt wird.

Diese Vorgehensweise wird an jedem Gerät, welches für den folgenden Mesozyklus ausgewählt wurde, durchgeführt und daraufhin dokumentiert.

1.2.3 Darstellung Krafttest

Tabelle 3: Darstellung des Krafttests von Person X (eigene Darstellung)

Übung	Wiederholungen	Testsatz 1	Testsatz 2	Testsatz 3	Ergebnis
Beinpresse	10	66 kg	80 kg	86 kg	86 kg
Rudern	10	45 kg	36 kg	-	36 kg
Latzug	10	39 kg	45 kg	-	45 kg
Brustpresse	10	36 kg	41 kg	-	41 kg
Bauchpresse	10	32 kg	41 kg	45 kg	41 kg
Butterfly Reverse	10	28 kg	-	-	28 kg
Trizepsmaschine	10	18 kg	23 kg	-	18 kg
Bizepsmaschine	10	18 kg	11 kg	-	11 kg
Wadenmaschine	10	20 kg	30 kg	40 kg	30 kg
Abduktor	10	73 kg	-	-	73 kg
Adduktor	10	59 kg	64 kg	-	64 kg
Beinbeuger	10	36 kg	41 kg	-	41 kg

1.2.4 Schlussfolgerung für weitere Trainingssteuerung und Trainingsplanung

Sowohl das Grobraster der ILB Methode (Strack und Eifler, 2005), als auch die im Krafttest erreichten Ergebnisse weisen darauf hin, dass Person X als „Fortgeschrittener" eingestuft werden kann. Die ILB Methode sieht für die weitere Trainingsplanung im Mesozyklus eine Intensität von 70-90% des im Krafttest gemessenen Maximalgewichts als Arbeitsgewicht vor (Eifler, 2013).

Bevor der nächste Mesozyklus beginnt, wird der Krafttest mit den gleichen Übungen, in der gleichen Reihenfolge und der gleichen Wiederholungszahl wiederholt, um die Intensität des Trainings an die Fortschritte des Klienten anzupassen und dem Kunden ein optimales Muskeltraining mit Fokus auf die individuellen Ziele zu ermöglichen.

2 Zielsetzung/Prognose

2.1 Zielsetzung

2.1.1 Relevante Ziele auf Basis der Diagnosedaten

Tabelle 4: Zielformulierung (eigene Darstellung)

Ziel (Inhalt)	Ausmaß	Zeit
Reduktion von Fettmasse	5 kg	6 Monate
Muskelaufbau	2 kg	4 Monate
Leistungssteigerung der bewegten Gewichte beim Krafttest	Um 30%	6 Monate

2.1.2 Begründung der Zielsetzung

Die Person gab an, das Ziel einer Gewichtsreduktion von 5 kg bei gleichzeitigem realistischem Aufbau von 2 kg Muskelmasse (Wirth et al, 2007) zu verfolgen, um die allgemeine Leistungsfähigkeit sowie das Wohlbefinden zu verbessern. Die gesundheitlichen Voraussetzungen stellen hierbei kein Problem dar, da die Person körperlich nicht eingeschränkt ist und keine Medikamente nimmt. Beim Aufbau von zusätzlicher Muskelmasse steigt der Grundumsatz an, was das Ziel der Fettreduktion begünstigt. Auch stellt eine Reduktion der Fettmasse von 5 kg kein Problem dar (Dierks, S., Schellhorn, M., 2014), da der Körperfettanteil bei einem Zielgewicht von 67 kg und gleichzeitigem Aufbau von 2 kg Muskelmasse bei 18 % liegt. Dies ist zwar ein niedriger, aber nicht gesundheitlich bedenklicher Körperfettanteil (Gallagher et al., 2000).

Die Person möchte außerdem ihre Leistung beim Krafttest um 20% steigern, da sie bislang nur mit dem eigenen Körpergewicht trainiert hat und nun die Möglichkeit hat, das Gewicht, sowie die eigene Muskelkraft weiter zu erhöhen.

3 Trainingsplanung Makrozyklus

3.1 Langfristige Trainingsplanung (Makrozyklusplanung)

Tabelle 5: Trainingsplanung Makrozyklus (eigene Darstellung)

	Mesozyklus 1	Mesozyklus 2	Mesozyklus 3	Mesozyklus 4
Dauer	6 Wochen	6 Wochen	6 Wochen	6 Wochen
Trainingsmethodik	Muskelaufbau (extensiv)	Maximalkrafttraining (extensiv)	Muskelaufbau (intensiv)	Maximalkrafttraining (extensiv)
Organisationsform	Stationen, Ganzkörpertraining	Stationen, Ganzkörpertraining	Stationen, Ganzkörpertraining	Stationen, Ganzkörpertraining
Häufigkeit pro Woche	3	3	3	3
Übungen pro Muskelgruppe	2	2	2	2
Sätze/Übung	3	3	3	3
Satzpausen	60 Sekunden	60 Sekunden	60 Sekunden	60 Sekunden
Wiederholungen	10	6	8	3
Intensität	70-90% ILB	70-90% ILB	70-90% ILB	70-90% ILB
Bewegungstempo	2-0-2	2-0-2	2-0-2	2-0-2

Tabelle 6: Wochenplanung Person X (eigene Darstellung)

Montag	Dienstag	Mittwoch	Donnerstag	Freitag	Samstag	Sonntag
GK	-	GK	-	GK	-	-

GK=Ganzkörper

3.2 Begründung Makrozyklus

3.2.1 Begründung Trainingsmethode

Durch die abwechselnde Methodik von Muskelaufbau und Maximalkrafttraining wird einerseits die Variation der Trainingsplanung gewährleistet. Durch abwechselnde Methoden wird verhindert, dass eine zu hohe Anpassung der Muskeln zu einer Stagnation im Training führen. Es wird fortwährend ein trainingswirksamer Reiz gesetzt, um die Leistung zu steigern und die Motivation zu erhalten. Hypertrophie der Muskeln beugt zudem Osteoporose vor und begünstigt die Gelenkstabilität (Siegrist, 2004).

3.2.2 Begründung Belastungsparameter

Das Prinzip der Progressiven Belastungssteigerung, sowie der variierenden Belastung wird hier umgesetzt, indem die Wiederholungszahlen sinken und die Intensitäten in den jeweilig gleichen Methoden steigen. Ziel hierbei ist der Aufbau von Muskelmasse, eine Erhöhung des Energiepotenzials, sowie eine erhöhte Alltagsbelastbarkeit zu erreichen. Ein größerer Kalorienumsatz in Ruhe durch den Aufbau von Muskelmasse begünstigt zusätzlich das Ziel des Fettreduktion.

Die Belastung von 70-90% nach der ILB Methode gewährleistet eine optimale Beanspruchung der Muskeln anhand des Leistungsniveaus eines Fortgeschrittenen, ohne diesen zu Unter- oder Überlasten. Das Bewegungstempo 2-0-2 wurde gewählt, um eine bestmögliche Ausführung der Übung zu gewährleisten und Verletzungen zu vermeiden.

3.2.3 Begründung Organisationsform

Die Person gibt einen Verfügungsrahmen von dreimal wöchentlich für 60 Minuten an, weshalb dieser auch in der Trainingsplanung berücksichtigt wurde. Um alle Muskelgruppen optimal zu trainieren und die Superkompensation zu beachten, wurde ein Ganzkörpertraining dreimal pro Woche für 60 Minuten gewählt. Besonderes Augenmerk wird auf eine optimale Relation zwischen Belastung und Erholung von Person X gerichtet. Hierbei wurde ausreichend Regenerationszeit einkalkuliert, um Person X nicht zu überlasten oder das Verletzungsrisiko zu steigern. Stationstraining erscheint sinnvoll, da Person X als Fortgeschrittener Kraftsportler die Muskeln in mehreren Sätzen hintereinander effektiv beanspruchen kann, um eine optimale Progression zu erreichen, ohne den Muskel zu überlasten und eine Verletzung zu riskieren.

3.2.4 Begründung Periodisierung

Belastungen, die langfristig, planmäßig und regelmäßig ausgeführt werden, garantieren langfristige Ergebnisse. Da der Makrozyklus insgesamt 6 Monate dauert, können die Trainingsziele optimal angesteuert werden.

Indem die Wiederholungszahlen in den jeweiligen Mesozyklen mit gleicher Methodik sinken, während die Intensität steigt, stellt man eine optimale Anpassung an das Fitness-level sicher. Durch die Variation der Methoden wird eine Muskelanpassung vermieden, während gleichzeitig eine Leistungssteigerung gewährleistet wird.

4 Trainingsplanung Mesozyklus

4.1 Mesozyklusdarstellung

Tabelle 7: Konzept Mesozyklus 1 (eigene Darstellung)

Zyklusdauer	6 Wochen
Spezifisches Trainingsziel	Muskelaufbau
Trainingseinheiten pro Woche	3
Organisationsform	Stationstraining, Ganzkörpertraining
Übungen pro Muskelgruppe	2
Sätze pro Übung	3
Satzpausen	60 Sekunden
Wiederholungszahl	10
Intensität	70% X-RM
Bewegungstempo	2-0-2

Tabelle 8: Übungsauswahl Mesozyklus 1 (eigene Darstellung)

Übungen	Wiederholungen	Sätze	Satzpausen
Beinpresse	10	3	60 Sekunden
Beinbeuger	10	3	60 Sekunden
Latzug	10	3	60 Sekunden
Brustpresse	10	3	60 Sekunden

Trizepsmaschine	10	3	60 Sekunden
Bizepsmaschine	10	3	60 Sekunden
Butterfly Reverse	10	3	60 Sekunden
Bauchpresse	10	3	60 Sekunden
Rudern	10	3	60 Sekunden
	10	3	60 Sekunden

4.2 Begründung Konzept und Übungsauswahl

Anfangs überwiegen mehrgelenkige Muskelgruppen, da diese anstrengender sind und große Muskelketten aktivieren. Durch das Arbeiten einer hohen Muskelmasse wird ein positiver metabolischer Effekt erreicht, (Bachl, Löllgen, Tschan, Wackerhage & Wessner, 2016 und Buresh, R., Berg, K. & French, J., 2008). Es soll hier außerdem eine vorzeitige Ermüdung der Hilfsmuskulatur vermieden werden (Bompa & Carrera, 2005, S. 69). Mehrgelenkige Übungen simulieren außerdem eher Bewegungsabläufe, die im Alltag erforderlich sind, weshalb ein Alltagsnutzen erreicht wird. Der Schwerpunkt liegt auf Maschinenübungen, um schnell mit hohen Trainingswiderständen zu arbeiten und optimale Trainingsreize zu erzeugen (Gottlob, 2020 und Marx, J. et al. 2001). Der Schwerpunkt liegt auf dem Ganzkörpertraining, da dieses durch schnelle Fortschritte einen positiven Einfluss auf die Motivation hat.

Tabelle 9: Begründung der Übungsauswahl (eigene Darstellung)

Übung	Primär beanspruchte Muskulatur	Alltagsnutzen
Beinpresse	m. quadrizeps femoris, m. biceps femoris, m. gluteus maximus	Treppen hinauf- oder hinabsteigen
Beinbeuger	m. biceps femoris	Treppen hinabsteigen
Latzug	m. latissimus dorsi, m.trapezius pars ascendens, m. rhom- boideus minor et ma- jor, m. teres major	Aufrechte Haltung, Vorbeugen von Rückenschmerzen
Brustpresse	m. pectoralis major	Muskuläres Gleichgewicht, Antagonist der oberen Rückenmuskulatur
Trizepsmaschine	m. triceps brachii, m. anconaeus	Getränkekisten bzw Einkäufe bewegen
Bizepsmaschine	m. biceps brachii, m. brachialis	Getränkekisten bzw Einkäufe bewegen
Butterfly Reverse	rhomboideus minor et major, m. deltoideus pars spinalis	Aufrechte Haltung, Vorbeugen von Rückenschmerzen

Bauchpresse	m. rectus abdominis, m. pyramidalis	Stabile Haltung, Entlastung Rückenstrecker
Rudern	m. latissimus dorsi, m. deltoideus pars clavi- cularis, rhomboideus minor et major, m. infraspi- natus, m. trapezius	Aufrechte Haltung, Vorbeugen von Rückenschmerzen

5 Literaturrecherche

Tabelle 10: Vergleich zweier Studien zum Thema Krafttraining bei Diabetes mellitus Typ-2 (eigene Darstellung)

	Studie 1	Studie 2
Studienleiter	Ping-Lun Hsieh, Chin-Hsiao Tseng , Yufeng Jane Tseng, Wei-Shiung Yang	Eliza G Miller, Parneet Sethi, Caryl A Nowson, David W Dunstan, Robin M Daly
Publikationsjahr	2018	2017
Forschungsfrage	Bei älteren Menschen mit Typ-2-Diabetes mellitus (T2DM) können die Auswirkungen von Alterung und T2DM die Funktion der Skelettmuskulatur beeinträchtigen, den Stoffwechselstatus verschlechtern und die körperliche Leistungsfähigkeit, die aerobe Kapazität und die Lebensqualität (QoL) gefährden. Ziel dieser Studie war es, die Auswirkungen eines 12-wöchigen Krafttrainings (RT) auf Muskelfunktion, körperliche Leistungsfähigkeit, kardiometabolische Risiken und Lebensqualität bei älteren Menschen mit T2DM zu untersuchen.	Diese Studie untersuchte die Auswirkungen eines hochintensiven progressiven Widerstandstrainings (PRT) mit moderatem Gewichtsverlust (WL) im Vergleich zu WL allein auf entzündliche und endotheliale Biomarker bei älteren übergewichtigen Erwachsenen mit Typ-2-Diabetes.
Versuchspersonen	30 Personen ab 65 Jahren mit der Diagnose T2DM	36 inaktive, übergewichtige Erwachsene im Alter von 60 bis 80 Jahren mit schlecht kontrolliertem Typ-2-Diabetes

Versuchsaufbau	Die Testpersonen wurden nach dem Zufallsprinzip entweder einer Übungsgruppe oder einer Kontrollgruppe zugeordnet und nach Geschlecht weiter geschichtet. Die Übungsgruppe führte 8 RT-Übungen in 3 Sätzen mit 8 bis 12 Wiederholungen bei 75% 1-Wiederholungs-Maximum (1-RM) 3-mal pro Woche für 12 Wochen durch. Die Kontrollgruppe wurde wie gewohnt betreut und behielt ihre täglichen Aktivitäten und ihren Lebensstil bei. Muskelfunktion (1-RM- und Muskeloxygenierungsreaktionen), körperliche Leistung (5-Wiederholungs-Sit-to-Stand-Test und Timed Up and Go-Test), kardiometabolische Risiken (aerobe Kapazität, Blutdruck, Körperzusammensetzung, Die Blutzuckerkontrolle, die Lipidspiegel und die hochempfindlichen C-reaktiven Proteingehalte sowie die Lebensqualität (Au-dit der diabetesabhängigen Lebensqualität 19) wurden zu Studienbeginn (Woche 0) und nach den 12-wöchigen Interventionen (Woche 0) bewertet. Woche 12).	Dies war eine 12-monatige randomisierte kontrollierte Studie, in die Studienteilnehmer randomisiert auf 6 Monate überwachte PRT + WL- oder Dehnungsübungen plus untersucht wurden WL gefolgt von 6 Monaten Heimtraining ohne Ernährungsumstellung. Zu Studienbeginn und nachfolgende 3-Monats-Intervalle wurden nüchterne Blutproben mit den folgenden entzündlichen [Interleukin (IL) -10, IL-6, Tumornekrosefaktor (TNF) -α, Adiponektin] und Endothelmarkern [Resistin und interzelluläres Adhäsionsmolekül (ICAM) -1)] bewertet.
Relevante Ergebnisse und Schlussfolgerungen	Die 1-RM-Brust- und Beinpresskraft sowie die körperliche Leistungsfähigkeit im 5-Wiederholungs-Sit-to-Stand-Test waren in der Übungsgruppe im Vergleich zu den Kontrollen nach den Interventionen signifikant verbessert. Die Übungsgruppe hatte einen signifikant	Nach der 6-monatigen überwachten Trainings- und WL-Phase wurden für keinen entzündlichen oder endothelialen Biomarker signifikante Veränderungen innerhalb der Gruppe oder Unterschiede zwischen den Gruppen festgestellt. Es gab eine stärkere Reduktion von IL-

niedrigeren systolischen Blutdruck im Ruhezustand (um -12,1 mm Hg, P = 0,036) als die Kontrollen nach 12 Wochen RT, ohne dass sich in einer der Gruppen nach der Intervention eine signifikante Änderung innerhalb der Gruppe ergab. Der Taillenumfang, der Nüchternglukosespiegel und der maximale diastolische Blutdruck begünstigten die RT nach den Eingriffen gegenüber der üblichen Pflege.

Schlussfolgerung: Zwölf Wochen RT erhöhten die maximale Kraft bei Brust- und Beinpressetests und verbesserten die Sitz-Steh-Leistung bei älteren Menschen mit T2DM bei 5 Wiederholungen. Die Studie zeigte, dass überwachte, strukturierte RT die Muskelfunktion fördern und kardiometabolische Risiken bei Menschen mit T2DM ab 65 Jahren lindern kann.

10 nach 9 Monaten in der PRT + WL im Vergleich zur WL-Gruppe (P = 0,033). Es gab auch eine größere Reduktion von TNF-α nach 9 und 12 Monaten in der PRT + WL im Vergleich zur WL-Gruppe (P = 0,026 bzw. P = 0,024). Serumadiponektin stieg in der PRT + WL relativ zur WL-Gruppe nach 12 Monaten an (P = 0,036). Alle Ergebnisse wurden an die Ausgangswerte, das Alter, das Gewicht, das Geschlecht, die Diabetesdauer, den Medikamentengebrauch und jede Änderung der Medikamente angepasst.

Schlussfolgerungen: Eine langfristige Teilnahme an PRT, unabhängig von einer Gewichtsänderung, kann bei älteren übergewichtigen Erwachsenen mit Typ-2-Diabetes zu einer gewissen Verbesserung bestimmter Entzündungsmarker führen.

6 Literaturverzeichnis

7 Abbildungs- und Tabellenverzeichnis

Bachl, N., Löllgen, H., Tschan, H., Wackerhage H., Wessner, B. (Hrsg.). (2016). Molekulare Sport- und Leistungsphysiologie). Wien: Springer.

Bompa, T. O. & Carrera, M. C. (2005). Periodization training for sports. Science-based strength and conditioning plans for 20 sports (2. ed.). Champaign, IL: Human Ki-netics.

Buresh, R., Berg, K. & French, J. (2008). The effect of resistive exercise rest interval on hormonal response, strength and hypertrophy with training. Journal of Strength and Conditioning Research, 23 (1), 62-71.

Dierks, S., Schellhorn, M. (2014). Was ist ein realistisches Abnehmziel? Erwartun-gen an ein Online-Gewichtsreduktionsprogramm. In F. Taube (Hrsg.), Landwirt-schaft: Im Dilemma zwischen Weltmarkt- und gesellschaftlichen Ansprüchen?(S. 96-104). Kiel: Selbstverlag der Agrar- und Ernährungswissenschaftlichen Fakultät.

Eifler, C. (2000). Krafttraining nach der ILB-Methode – Eine empirische Überprüfung der Trainingseffekte bei Anfängern und Fortgeschrittenen. Diplo-marbeit. Universität des Saarlands, Saarbrücken.

Eifler, C. (2013). Empirische Überprüfung der Effekte verschiedener Ansätze zur Inten-sitätssteuerung im fitnessorientierten Krafttraining. Dissertation. Universität des Saar-landes, Saarbrücken. Literaturverzeichnis

Eliza G Miller, Parneet Sethi, Caryl A Nowson, David W Dunstan, Robin M Daly, (2017). Randomized Controlled Trial. Abstract online verfügbar unter: https://pub-med.ncbi.nlm.nih.gov/28597102/ zuletzt geprüft am 06.07.2020

Gottlob, A. (2018). Differenziertes Krafttraining mit Schwerpunkt Wirbelsäule, 46

Marx, J. O., Ratamess, N. A., Nindl, B. C., Gotshalk, L. A., Volek, J. S., Dohi, K. et al. (2001). Low volume circuit versus high-volume periodized resistance training in wo-men. Medicine and science in sports and exercise, 33 (4), 635-643.

Ping-Lun Hsieh, Chin-Hsiao Tseng , Yufeng Jane Tseng, Wei-Shiung Yang (2018). Randomized Controlled Trial. Abstract online verfügbar unter: https://pubmed.ncbi.nlm.nih.gov/27893563/

Siegrist, M. (2004). Universitätsbibliothek der TU München. Dissertation online verfügbar unter: https://mediatum.ub.tum.de/?id=603160 zuletzt geprüft am 06.07.2020

Strack, A & Eifler, C. (2005). The individual lifting performance method (ILP) – a practical method for fitness- and recreational strength training. In J. Gießing, M. Fröhlich & P. Preuss (Hrsg.), Current Results of Strength Trainings Research – An empirical and theoretical Approach (S. 153-163). Göttingen: Cuvillier.

Wirth, K. Aatzor, K. R. & Schmidtbleicher, D. (2007). Veränderungen der Muskelmasse in Abhängigkeit von Trainingshäufigkeit und Leistungsniveau. Deutsche Zeitschrift für Sportmedizin, 58 (6), 178-183.

7.1 Abbildungsverzeichnis

7.2 Tabellenverzeichnis